AF434158

Reservados todos los derechos de esta edición a Gabriel Rodríguez Morales y a sus herederos legales.
ISBN: 978-84-128049-4-2
Depósito Legal: CA 261-2024
1ª edición, agosto de 2024.
Edita: Asociación Cultural Tántalo.
Colección Tántalo n.º 105
Fotografía de portada: parte del retrato de Francisco de Quevedo y Villegas, atribuido a Juan Van der Hamen (1596-1631).
Imagen de dominio público.

*Dentro de tu propio cuerpo, por pequeño que te parece,
peregrinas; y si no miras bien por dónde llevas tus deseos,
te perderás dentro de tan pequeño vaso para siempre.*

Francisco de Quevedo, *La cuna y la sepultura.*

ÍNDICE

Enseñanzas estoicas de Francisco de Quevedo.

EL ESTOICISMO

El estoicismo es una doctrina filosófica que gozó de gran importancia durante la época grecorromana. Se considera que Zenón de Citio (336 a.C - 264 a.C.) fue el fundador de la escuela filosófica del estoicismo. A pesar de tener algunas similitudes con el cinismo, se diferencia de este en varios aspectos: promueve la acción frente a la simple crítica del cinismo; no desprecia el mundo, la política ni la sociedad; no minusvalora la lógica ni la física; etc.

Una de las características del estoicismo es que se podía enseñar a personas de cualquier clase social, incluidos los esclavos. Esto permitió la expansión de sus seguidores desde el punto de vista numérico y geográfico. Incluso algunos maestros estoicos defendieron que también debían aprenderlo las mujeres (como Musonio Rufo y Epicteto).

Se suelen distinguir tres fases del estoicismo: el antiguo (siglos III y II a.C); el medio (siglos II y I a.C.); el nuevo o romano (siglos I y III d.C.).

Es imposible resumir el estoicismo en unas breves líneas, pero podemos destacar como los principales puntos de esta escuela filosófica los siguientes:

- La razón del hombre forma parte del Logos universal (que es una razón inmortal y divina). Esto supone que todos los hombres son "hermanos" en cuanto participan del Logos universal. Esto lleva a considerar al hombre como ciudadano del mundo (cosmopolitismo).

- La Lógica incluye la epistemología. Ésta parte de que el hombre carece de conocimiento previo y conforme acumula experiencias, adquiere el conocimiento de la realidad. Pero frente al relativismo, opina que hay impresiones comunes a todos los hombres que permiten conocer la Verdad a través del consenso. Mediante el conocimiento de la Verdad, se puede llegar a la Virtud. Se opone, por tanto, al relativismo o al concepto de las ideas de Platón.

- La Física estoica se fundamenta en que la Naturaleza es armoniosa y se rige por un Logos cósmico llamado *Pneuma*. Este Logos es racional y controla la materia. El azar no existe, sino que todo se rige por un principio de causalidad, sin perjuicio de que, en muchas ocasiones, éste sea desconocido por los hombres.

- Existe un Logos cósmico que puede identificarse con Dios. Algunos estoicos, como Séneca, le atribuyen a Dios el carácter de persona, con especial providencia con los hombres virtuosos.

- Existe el alma. En los seres humanos, es un alma racional. Los animales también tienen alma, que es sensible, pero no racional. Las plantas también tienen un alma que dirige su crecimiento. Los átomos también tienen un alma que rige su movimiento.

- La moral estoica parte del determinismo establecido por parte del Logos universal. Por tanto, el hombre únicamente será "libre" si acepta su destino, admitiendo y soportando todo lo que no está bajo su control. En la razón está la guía del filósofo que le permitirá llegar a la Virtud. En el camino se encontrará pasiones, dolor y temores que deben ignorarse y mantenerlos aparte gracias al autocontrol, mediante la impasiblidad (*apátheia*). De todas formas el determinismo es atenuado por el compatibilismo[1].

Los filósofos ponían como modelo a Sócrates, ejemplo de virtud puesta de manifiesto, sobre todo, a la hora de su muerte[2].

---

1 La problemática del determinismo, el indeterminismo y el compatibilismo es muy compleja y excede la intención más "práctica" de este libro, por lo que no nos extendemos en ella.

2 En el momento de su muerte, Sócrates dijo que «un hombre, que se ha consagrado toda su vida a la filosofía, debe morir con mucho valor, y con la firme esperanza de que gozará después de la muerte bienes infinitos» (Platón: *Fedón o del alma*, 57a- 64a).

Entre los filósofos estoicos más conocidos podemos destacar a los siguientes:

- Zenón (fundador de la escuela estoica).

- Aristón de Quíos (siglos IV - III a.C). Era coetáneo de Zenón. Su escuela pensaba que la Física (y por tanto Dios) eran incomprensibles para el hombre, prescindía de la Física y ponía énfasis en la Ética. Su escuela no fue seguida por los estoicos, que siguieron la doctrina de Zenón.

- Cleantes de Aso (siglos IV - III a.C.). Puso especial énfasis en el rechazo del placer como contrario de la Virtud.

- Crisipo de Solos (sglo III a.C.). Fue discípulo de Cleantes y considerado por muchos como el fundador de la gramática como una disciplina propia en la Grecia clásica.

- Panecio de Rodas (siglo II a.C). Fundó una escuela estoica en Rodas. Introdujo ideas platónicas y aristotélicas en su escuela. Negaba la inmortalidad del alma. Rechazaba la *apátheia* y suavizó la moral estoica tradicional.

- Posidonio (siglos II - I a.C). Además, fue uno de los principales científicos de la época.

- Musonio Rufo (siglo I a.C.). Se centró en la ética y propugno que tanto el hombre como la mujer han recibido el raciocinio de los dioses, por lo que ambos deberían estudiar filosofía y buscar la Virtud.

- Séneca (4 a.C. - 65 d.C.). Es quizás el filósofo estoico más conocido y muchas de sus teorías eran compatibles con el cristianismo[3].

---

3 Puede leer una recopilación de algunas de las enseñanzas de Séneca en mi recopilación *Cómo ser sabio y feliz según Séneca. Frases extraídas de sus Cartas a Lucilio.*

- Epicteto (55 - 135). Se especializó en las enseñanzas éticas. Su enseñanzas fueron recopiladas por su discípulo Arriano en el *Enquiridión*[4].

- Marco Aurelio (121 - 180). Fue Emperador de Roma desde el año 161[5].

Se ha puesto de manifiesto por muchos autores la relación del estoicismo con el cristianismo, hasta el punto de decirse que muchos estoicos eran cristianos y que muchos cristianos eran estoicos.

Los puntos en común entre ambas creencias son los siguientes:

- Creencia de una hermandad entre los hombres (en los cristianos se fundamenta en que todos son hijos de Dios, mientras que en los estoicos su fundamento es que todos son participantes del Logos universal).

- La existencia de una ley natural o racional (obra de Dios en el caso de los cristianos, manifestación del Logos universal en el caso de los estoicos).

- La búsqueda de la paz interior en el vivir (fundamentada en el cumplimiento de los Mandamientos y la resignación ante los designios de Dios en el caso de los cristianos; mientras que en los estoicos se basa en la aceptación de lo que no depende de nosotros mismos).

- La inmortalidad del alma o la vida eterna, aunque sus fundamentos son distintos (Dios en los cristianos; su participación en el Logos cósmico para los estoicos).

---

4 Puede leer la obra completa en mi recopilación *Manual para ser Feliz. Enquiridión de Epicteto.*

5 Puede leer una recopilación de algunas de las enseñanza¡¡ *Guía para ser feliz. Siguiendo las Meditaciones de Marco Aurelio.*

- La ausencia de la búsqueda del placer como fin de nuestras vidas. El placer sería consecuencia de vivir correctamente, pero no sería el objeto que mueve nuestra forma de actuar.

Pero también había puntos que distinguían a los cristianos de los estoicos:

- Los cristianos creían en un Dios personal, mientras que para los estoicos el Logos universal no es una persona, sino un principio que rige en la naturaleza (similar a un animismo, según algunos).

- Para el cristiano existe el mal y el bien, mientras que para los estoicos no existe lo bueno ni lo malo por sí mismo, sino por el efecto que produce en el sujeto, con independencia de que haya cosas más conformes a la Razón que otras.

- El cristianismo no es determinista, al menos en los Padres de la Iglesia (entre los que destaca San Agustín de Hipona), que defienden el libre albedrío. Los estoicos son deterministas o compatibilistas.

Algunos historiadores creen que Pablo de Tarso tuvo contactos con la escuela estoica antes convertirse al cristianismo. En relación con esta teoría, existe cierta corriente que opina que Séneca se convirtió al cristianismo. No hay prueba de esto último, aunque sí hay catorce cartas entre Pablo y Séneca que algunos creen falsas, aunque no hay pruebas que evidencien si son verdaderas o falsificaciones. La concepción del estoicismo por Séneca de un Dios personal, así como de la entrada de la piedad y la misericordia en el sistema ético y racional del estoico hacen que su acercamiento al pensamiento cristiano fuera notorio.

Como elemento común entre filósofos estoicos y cristianos habría que señalar también que tanto unos como otros fueron perseguidos por distintos emperadores romanos a partir del siglo I.

La influencia de los estoicos en los cristianos de los siglos posteriores fue importante e inspiró, en mayor o menos medida, a teólogos y filósofos tales como Tomás de Aquino (siglo XIII) y su teoría de la ley natural.

En el siglo XVI hubo un resurgimiento del pensamiento estoico dando lugar al neoestoicismo defendido por autores tan importantes como Erasmo de Rotterdam, Francisco Sánchez de las Brozas, Luis Vives o Francisco de Quevedo.

Más tarde, la influencia del estoicismo se aprecia en pensadores como Spinoza, Kant o Descartes. El modelo de ética estoico fue la base de la búsqueda de un concepto de ética universal y racional.

En la actualidad, disfruta de un nuevo resurgimiento como modelo de vida frente al consumismo compulsivo y el hedonismo superficial.

FRANCISCO DE QUEVEDO

Francisco de Quevedo nació en Madrid en 1580. Era hijo de una familia de hidalgos relacionada con la Corte. Sus características físicas (cojo, con pies deformes y una gran miopía) hicieron que tuviera que soportar las burlas de muchos de sus compañeros de edad. Esto hizo que se refugiara en la lectura. Durante sus estudios en la Universidad de Valladolid fue cuando comenzaron a circular sus primeros poemas, la mayoría de carácter satírico y burlesco. Tras sus estudios volvió a Madrid, donde hizo amistad con los principales escritores de la época, como Lope de Vega y Miguel de Cervantes, al tiempo que se enemistaba con otros y, especialmente, con Luis de Góngora. Fue ayudante y amigo de Pedro Téllez-Girón, tercer duque de Osuna, viajando a Italia con él cuando es nombrado virrey de Nápoles. En Nápoles, Quevedo se encargó de la Hacienda del virreinato hasta que la caída del Duque de Osuna (acusado de participar en la Conjuración de Venecia), hizo que cayera en desgracia y fuera desterrado a la Torre de Juan Abad (Ciudad Real). Alue volviera a caer en desgracia y fuera detenido en 1639 y recluido hasta 1643. Con varios problemas de salud agravados durante su detención, falleció el 8 de septiembre de 1645.

Su obra literaria fue amplísima y variada, comprendiendo poesía, teatro, obras satrírico-morales, filosóficas, crítica literaria, etc. Centrándonos en su relación en el estoicismo, fue una de las principales figuras del llamado neoestoicismo. La religión cristiana y el estoicismo clásico son los elementos son los principales elementos del neoestoicismo. Quevedo, encontró en la religión católica y en el estoicismo el consuelo que no encontraba en el mundo que le rodeaba, al que consideraba lleno de codicia y envidia.

SOBRE ESTA OBRA

En esta obra se reúnen las principales enseñanzas de sus obras estoicas principales. De entre sus obras destaca *La cuna y la sepultura*, dividida en dos partes: *La cuna y la vida* y *La doctrina de morir*. Esta es la primera y principal fuente de este resumen de enseñanzas estoicas, a las que se unen otras, como: *La Fortuna con seso* o *Nombre, origen, intento, recomendación y descendencia de la Doctrina Estoica*.

Para un mejor entendimiento por el lector contemporáneo, se han cambiado algunas expresiones ortográficas y gramaticales del castellano del siglo XVII. Esto ha hecho que algunas frases puedan haber perdido el cariz poético, pero espero no haberme excedido demasiado y respetado la esencia de Quevedo. Por otro lado, la moral religiosa, concretamente cristiana y católica, inspira toda su obra. Para hacerla más "universal", he prescindido de las enseñanzas puramente religiosas, si fuera posible. Por ello, las referencias a la Biblia o al cristianismo son mucho menores en esta obra que en la de Quevedo. Si uno quiere apreciar y extraer todo el estoicismo de Quevedo debe leer las obras al completo tal y como él las escribió, pero esta obra pretende ser más "sencilla" y menos pretenciosa. Espero que, querido lector, te sea de provecho su lectura.

Gabriel Rodríguez Morales

ENSEÑANZAS ESTOICAS
DE FRANCISCO DE QUEVEDO

COMO ACTUAR SABIAMENTE

Empezarás a ser sabio cuando no temas las miserias, no desprecies las honras, ni te admires de nada.

Si quieres ser feliz, sé sabio con el peligro ajeno y escarmentado con el tuyo.

En temor empieza toda sabiduría y quien no teme, no puede saber.

Dichoso serás y sabio habrás sido si cuando la muerte venga te quite la vida solamente. En los necios no quita sólo la vida, sino la confianza necia, el descuido bestial, el amor por las cosas temporales; todo lo habrás dejado tú antes y así aliviarás mucho la hora postrera.

Dichoso serás cuando a los enemigos sepas sacar provecho y sabio cuando dieres lugar a que todos te digan lo que sintieren de ti, porque entonces (libre de lisonjas) tus faltas serán advertidas.

La mayor hipocresía, la más dañosa y sin fundamento, es la de la sabiduría. Porque la del dinero se funda en que lo hay (...); la de la virtud y la del valor, también las hay. Pero la sabiduría, como no hay ninguna, sólo se funda en la presunción.

Los sabios saben despreciar lo próspero y sufrir lo adverso, usar lo presente y aguardar lo que ha de venir.

Para saber si un hombre es verdaderamente sabio, entendido, generoso y noble, se ha de mirar si sus bienes miran a la humildad, modestia y sumisión, porque entonces serán verdaderos bienes.

De muy pocos hombres han dicho todos que son sabios o buenos. No está la sabiduría ni la bondad en las alabanzas ajenas, sino en las noticias y bondad propia. Cuando siendo sabio no sintieres que te desprecien por necio, entonces te puedes sospechar sabio.

Las potencias de tu alma son Entendimiento, Memoria y Voluntad.

De verdad que no sabes quien es tu amigo y quien tu enemigo, sino que lo entiendes todo al revés. Llamas amigo al que te presta para el juego, al que te acompaña a casa de la ramera, al que te divierte y entretiene, al que come o cena contigo y al que te alaba. Llamas enemigo al que no haciendo nada de esto, habla mal de ti y te reprende. Es al revés porque este último es amigo tuyo, es amigo de tu alma, que eres tú; mientras que el otro es tu enemigo y amigo de tu hacienda, de tu apetito y tu perdición.

Debemos confesar que somos ignorantes; pero dejar de serlo, no podemos.

¡Que ocupadas están las Universidades en enseñar Retórica, Dialéctica, Lógica y todas las Artes para saber decir bien, pero no hay Cátedra que sepa y enseñe a hacer bien! Los Maestros enseñan lo que no saben, los discípulos aprenden lo que no les importa y así nadie hace lo que debe hacer.

Por más que te fatigues en entender los secretos del Cielo, no sabrás más de lo que te inventes o sueñes (…). Por más que estudies, nunca entenderás las cosas como están dispuestas las cosas.

Piensas que las estrellas[6] te han de decir lo que no saben (…) y olvidas la razón o la fuerza que todo lo puede cambiar.

Cualquier cosa que Aristóteles o Platón dijeron en la Filosofía lo defendemos no porque sepamos que es así, sino porque lo dijeron ellos.

Aunque estés versado en todos los libros de generación, alma, cielo, meteoros y sepas defender todas las cuestiones problemáticas (…) cuando las sepas no sabes nada, porque ni a ti ni a nadie le mejora la vida.[7]

Oye a todos y sabrás más.

De los libros imita lo bueno y guárdalo en la memoria. Lo que no te parezca bueno, no lo repruebes, sino que discúlpalo, si sabes, y disimúlalo, si puedes; porque no hay más desdichado ni más ignorante que aquel que muestra su estudio en advertir descuidos y errores ajenos, porque la mayoría de las veces lo cometen ellos mismos al no entender lo escrito.

No te hagas juez de tu prosperidad ni de tu adversidad, ni de los bienes ni de los males.

---

6   Advierte sobre la inutilidad de la Astrología.
7   El estoicismo se caracteriza porque, aunque no deprecia la Lógica ni la Física, pone el énfasis en la moral y en las aplicaciones prácticas dirigidas a mejorar la vida de las personas.

Mide tus obras y pensamientos con el juicio de tu conciencia, oye de ella la amistad o enemistad que tiene con el pecado.

No te dejes llevar por las aficiones populares.

Todos tienen juez sobre sí: Dios juzga a los que juzgan.

Las flores de nuestros corazones son los buenos deseos y tan presto como están se muestran debemos echar mano a la hoz para cortar de nuestra conciencia todas las obras muertas y superfluas.

La limpieza y la salud ordinaria, ya sea del cuerpo o del espíritu, no se hace sino poco a poco, progresando de mejoría en mejoría con trabajo y tiempo.

No nos turben nuestras imperfecciones, porque nuestra perfección consiste en combatirlas (…). Nuestra victoria no consiste en sentirlas, sino en no consentirlas.

Las imperfecciones y los pecados veniales no nos pueden privar de la vida espiritual, porque esta se pierde pierde por el pecado mortal. Sólo se ha de procurar no perder el ánimo.

La Oración pone nuestro entendimiento en la claridad y en la luz divina, y expone nuestra voluntad al calor del amor celeste.

Las honras, los puestos y las dignidades son como el azafrán, que se mejora y crece con más abundancia cuando lo pisan con los pies.

La verdadera humildad no procura dar aparentes muestras de serlo, ni gasta muchas palabras de humildad; porque ésta no sólo desea esconder las otras virtudes, sino que también, y principalmente, procura esconderse a si misma.

La humildad nos hará amar nuestro propio deprecio. (…) El deprecio es la pequeñez, bajeza y vileza que está en nosotros (…); la virtud de la humildad es el verdadero conocimiento y voluntario reconocimiento de nuestro desprecio.

No sólo se ha de amar el mal (que se hace por la virtud de la paciencia), sino también la abyección o menosprecio, que se hace por la virtud de la humildad. (…) Pero aunque amamos la abyección que se sigue del mal, no por eso se ha de dejar de remediar el mal que la ha causado por medios propios y legítimos.

Debes resistir el mal y reprimir los vicios constante y calientemente, pero suave y apaciblemente. Nada aplaca la fuerza del elefante airado como la vista de un corderillo.

Es mejor procurar vivir sin cólera que el querer usar de ella moderada y sabiamente[8]. Cuando por imperfección o flaqueza nos hallemos arrebatados de ella, es mejor rechazarla con destreza que detenerla un sólo punto en nuestro corazón, porque por poco espacio que le den asiento se hace dueña del lugar.

Un buen remedio contra la cólera es repararla luego con un acto de suavidad.

Debe ser nuestro lenguaje dulce, agradable, sincero y verdadero.

Aunque no sea bueno decir siempre la verdad, tampoco está permitido el ir contra la verdad.

No desees las tentaciones, porque sería temeridad.

No hay reloj, por bueno que sea, que no sea menester subirle la cuerda dos veces al día, a la mañana y a la noche, y después de esto es menester también desarmarlo por lo menos una vez al año para limpiar todas sus piezas, enderezar las torcidas y reparar las que estén usadas.

El amor ordenado quiere que amemos más el alma que el cuerpo.

De los vicios vemos que quien tiene pocos no está contento y, quien tiene muchos, menos. Mas de las virtudes el que tiene bien pocas, alcanza aún contento y, quien muchas, mucho más.

El hablar poco, tan encomendado por los sabios antiguos, no significa decir pocas palabras, sino no decir muchas inútiles; porque en materia de hablar no se mira la cantidad, sino la calidad.

---

8   En otros pasajes recomienda que nunca se utilice la cólera o el enfado aunque sea para ejercer un castigo o corrección, porque el corregido o castigado queda ofendido y maltratado, naciendo el odio y el rencor. En su lugar, propone ejercitar los castigos y represiones de forma apacible y bajo el reinado de la razón.

Por honesta que sea una recreación, es vicio poner en ella su corazón y su afición.

Queremos combatir los monstruos de África por imaginación y nos dejamos matar por las menores serpientes que están en nuestro camino por falta de atención.

No hace la codicia que suceda lo que queremos ni el temor que no suceda lo que recelamos.

Solo el hombre sabe lo que le hace mal y sólo al hombre le sabe bien lo que le hace mal.

LA RIQUEZA Y LA POBREZA

Eres injusto si quieres que te sobre lo que a otros les falta y si quieres tener ocioso el dinero en tu cofre en vez de alimentar al necesitado ¿Te dejaron tus padres hacienda[9]? No te dejaron rico para eso, sino para que lo gastes bien. Si la tienes y no la gastas, es como si no la tuvieses, pues no tienes provecho de ella. Si la gastas, no la tienes; por lo que es bueno tenerla para no tenerla.

Me molesta la pobreza. La pobreza no molesta, sino al que no sabe con ella ser rico. Es pobre al que le falta lo que tiene; es rico al que le sobra lo que falta. Epicuro dijo: si quieres ser rico no añadas dinero, quita codicia.

Otro tiene mucho dinero. No dices bien: el mucho dinero tiene al otro. Si tiene mucho dinero, no lo gasta; si lo gasta, no lo disfruta; si lo gasta, no lo tiene. El dinero se adquiere con trabajo; se tiene con cuidado; se pierde, se da y se deja con mucho dolor. De estas calamidades tiene muchas quien tiene mucho dinero.

Otro tiene mucho dinero. Si lo heredó de otro, otro lo heredará de él. Si se lo dio alguien, alguien se lo puede quitar. Si lo adquirió, lo puede perder.

Otro tiene mucho dinero. A ti te parece mucho y a él poco, porque desea más. ¿Ves como la hacienda es pobreza, pues siempre tiene necesidad de más el que más tiene? (…) El pobre sólo es rico si está contento con lo poco que tiene y no está quejoso de lo mucho que otros tienen. El pobre no es envidiado, porque es pobre. El pobre no es envidioso, porque sabe ser pobre.

(Citando a Séneca). Perdí el dinero. Pero lo tuviste.

(Citando a Séneca). Perdí el dinero. Por eso tienes menos peligro.

(Citando a Séneca). Perdí el dinero. Diohoso eres si con él perdiste la avaricia.

Perdí el dinero. Lo peligroso fue adquirirlo, lo malo fue sentir perderlo. Más se han perdido por tenerlo que por perderlo.

---

9   Riquezas.

Muchas veces nace de la avaricia la soberbia, la envidia y la ingratitud, y de cualquiera de ellas las otras y en cada una las padece el apestado.

Su fin es tener; no por tener, sino porque otros no tengan. Al avaro tanto le falta lo que tiene como lo que no tiene. Gasta su vida en guardar hacienda y no gasta un cuarto en mantener su vida. Adquiere sin saber para quien y sabiendo que no es para él. Tiene frío y no se abriga; tiene hambre y no come; tiene enfermedad y no se cura; tiene hijos y no los asiste; tiene mujer y la desampara. Adquiere oro para ser pobre, no para ser rico. No vive para sí ni para nadie. Guarda lo que tiene tanto de si como de todos.

Solo el avaro no es bueno para sí, ni para otro, ni para nadie, ni para nada.

(Los avaros) no quieren mucho, sino todo. No solo quieren tener, sino que nadie tenga.

La condición del avariento se emplea en dos cosas solas: en pesarle que den a otros y no a él, y en pedir que le den.

¿Cuántos son aquellos que porque todos se les vuelva oro no comen, no beben ni viven?

El avaro es común enemigo de todos los hombres y de todos los elementos. Hace bolsa su alma. Mas quisiera al sol de oro para acuñarlo, que de luz para ver y vivir. Quisiera que el aire lloviera dineros y no agua (…).

El mendigo pide que le den lo que no tiene, el rico que le añadan a lo que sobra. Al opulento, a pesar de lo que tiene, le hace mendigo lo que desea porque no se juzga rico el que tiene mucho si no tiene todo. Cierto es que nadie puede en este mundo tenerlo todo, empero despreciarlo todo puede culaquiera.

Para enriquecer no es el remedio añadir dinero, sino quitar codicia.

Pide el pobre al rico, pide el rico al poderoso, el poderoso al Príncipe, el Príncipe al Monarca; y esta soberana Dignidad, porque no escape de mendigar, cuando todos le piden a ella, pide ella a sus vasallos.

Es menos mendigo el que lo es de cosas pequeñas, que quien lo es de cosas grandes; y con más breve consuelo, pues es más fácil alcanzar lo poco que lo mucho.

Hacienda que da codicia de más hacienda, no es más hacienda, sino más codicia. Lo mucho se vuelve poco con desear otro poco más.

Si te congojas de que estás pobremente vestido, acuérdate de que naciste desnudo y que las sedas y bordados del rico en su postrera hora sucederá una mortaja con la que habrá de contentarse, y que su heredero condenará la peor sábana para que le envuelva.

Llamamos caro lo que mucho dinero; y como nos cueste poco dinero, llamamos barato lo que nos cuesta nuestras almas.

Da el hombre la quietud por una venganza, la libertad por un oficio, el alma por un gusto; y como no le cueste hacienda, dice que nada le costó.

No puede ser rico quien da lo precioso por vil. No puede ser pobre quien compra con lo vil lo precioso. Este es el modo de adquirir riquezas y conservarlas: guardar las del alma, y repartir y dar las del cuerpo. Y pues quien conserva y guarda aquellas cuando le faltan estas, es rico; bienaventurado es el pobre que lo fue por no dejarse comprar del oro, del puesto, del séquito, del regalo y de la vanidad.

(Citando a San Pedro Crisólogo). Da la comida, el hospedaje, da el vestido, si quieres tener a Dios por deudor y ni por Juez.

Si te pide el pobre, no digas que le diste, sino que le pagaste, porque el pobre pide al rico lo que falta y a él le sobra: mandamiento trae, a cobrar viene.

El rico que no da limosna, es un ladrón.

Vives en una pobre casa o cabaña y ves al poderoso (o al menos que pretende hacernos creer que lo es) en grandes palacios. Es algo digno de risa. ¿Qué te falta a ti en la cabaña que te abriga y te cubre de todo? ¿Puede el con su cuerpo el rico ocupar del palacio más que tú con el tuyo? No. ¿De qué le sirve lo que le sobra o lo que no le sirve o le sirve a otros?

Es una gran locura gastar la vida en juntar cosas para dejarla con ellas. ¿Crees que aprovecha al difunto lo que dejó al otro que lo gasta o desperdicia?

Los bienes y posesiones no son firmes ni de nadie. Son de la sucesión y la suerte. Aunque tengas hoy tal hacienda y posesiones, ellas no te reconocen como dueño ni te tratan como tal; saben que has de pasar por ellas y siempre esperan que de la mano del tiempo les llegue un nuevo señor.

¿Eres pobre? No te aflijas, porque todos lo son por más que tengan y sólo se diferencia de ti en que no lo quieren parecer. Así les llevas de ventaja no tener que fingir lo que es imposible disimular.

Agradecerás a la pobreza el hacerte exento de aduladores.

La pobreza no hace ridículos a los hombres, sino la opinión que de ella (ciegamente) tienes los que la desprecian.

Soy pobre. De lo necesario, ninguno es pobre; de lo superfluo, ninguno es rico.

Soy pobre. Dirías la verdad si dijeras: yo me hago pobre no porque tengo mucho, sino porque me contento con poco. La naturaleza es hacienda de todos. Ella es magnífica, no consiente pobres; no hay gusano, pez, animal, ave ni planta que se queje de que le dio corto patrimonio. Solo el hombre, para el que la voluntad de Dios produjo todas las cosas, la difama y dice que es pobre; no porque le falte lo que necesita, sino porque le sobra lo que falta a otros.

Soy pobre. De oro y de ladrones; de oro y de envidiosos; de oro y de aduladores. No tengo hacienda ni miedo. No tengo hacienda ni desvelo. Más rico eres al no tener esto que en tener aquellos. ¿Ves como lo que te falta te hace rico con lo que te quita?

Soy pobre. Rico fue al avaro que desde el infierno pidió una gota de agua al pobre que estaba en el Cielo, a quien negó una migaja en la tierra.[10]

---

10 Lucas, 16, 19-31.

Soy pobre. San Pedro Crisólogo[11] dice lo que se debe hacer para ser rico. Aconseja que el oro suba a la patria del alma, que es el Cielo, y que el alma no baje a la patria del oro, que es la tierra.

No tengas vergüenza de ser pobre ni de pedir limosna por caridad. Recibe la que te dieren con humildad y acepta el rehusártela con mansedumbre. (...) Si vivieres así, serás rico en tu pobreza.

No hay peor pobre que el rico, que por no gastar su moneda, no goza de ella; ni peor enfermo que aquel que por no gastar su salud no la goza.

Puedes tú también tener riquezas sin estar empoñozado de ellas si las tienes en tu casa o en tu bolsa, pero no en tu corazón.

Las posesiones que tenemos no son nuestras: Dios nos las ha dado para que las cultivemos y las hagamos fructíferas y útiles.

Cuando te sobrevenga algún infortunio que te empobrezca poco o mucho, (...) será el verdadero tiempo de practicar la pobreza, sufriendo con mansedumbre los trabajos y acomodándose paciente y constantemente a las pérdidas.

Cuando nuestras haciendas ocupan nuestros corazones, si la tempestad, el ladrón o el tramposo nos arrebata parte de ella, que de llantos, aflicciones e impaciencia tenemos. Más cuando nuestras riquezas no están asidas sino sólo al cuidado que Dios manda que tengamos y no a nuestros corazones, si nos las roban y menguan, no por eso perderemos el juicio ni la tranquilidad.

(Citando a Séneca). Soy pobre. No sabes que padeces la opinión que tienes de la pobreza y no la pobreza que tienes.

(Citando a Séneca). Soy pobre. Porque te parece que lo eres.

---

11 Pedro Crisólogo (s. IV-V). Arzobispo y doctor de la Iglesia

LA FELICIDAD

Dos cosas traes encargadas cuando naces: de la naturaleza, la vida, de la razón, la buena vida. La primera te somete a las necesidades del cuerpo; la segunda a las necesidades del alma. Pero una no es contraria a la otra (…). Sólo son contrarias cuando una quiere para vivir lo superfluo que sea contrario a la parte del alma.

Tu parte principal es el alma, porque el cuerpo es el barco que le sirve al alma para navegar sujeto al viento que lleva al vacío de la muerte. (…) Dentro de tu cuerpo, por pequeño que te parezca, estás viajando. (…) Debes tratar al cuerpo no como quien vive por él, que es necedad, ni como quien vive para él, que es delito; sino como quien no puede vivir sin él.

Tu mayor enemigo eres tú, pues te angustias por las cosas ajenas: si alguien anda despacio, te enfadas; si habla mucho, te enojas; si le suceden desdichas, te apenas; si tiene prosperidad, te carcome la envidia; si te dan un golpe o te dicen malas palabras, te afrentas y afliges; si el otro es desvergonzado y no te puedes vengar, mueres de coraje.

No hay animal más triste que el ser humano, porque no se conoce a sí mismo, ni sabe que es su vida, ni por qué ni para qué nació.

Gran dignidad tiene el ser humano, porque tiene un alma semejante a Dios, inspirada por él y eterna.

No es dichoso aquel a quien la fortuna no puede dar nada más, sino aquel a quien no puede quitar nada.

A ti mismo, a tus imaginaciones y pensamientos debes todas tus inquietudes y desasosiegos.

Si oyes que dicen cosas malas de ti en tu presencia, te enojas (…). No miras si es verdad lo que te dicen. Dirás que, aunque las cosa son verdad, te lo dicen no para enmendarte, sino para ofenderte. Pues por eso, pudiendo escoger, no deberías hacer lo que él desea, que es que te ofendas. (…) Si te enojas, se salió con la suya.

Si te faltan al respeto a la cara, dices que es desprecio; si es en tu ausencia, dices que es traición. ¿Ves como de ninguna suerte quieres que te digan nada y cómo son achaques sólo para vivir a tu gusto?

Sólo debemos llamar naturales[12] a las cosas que son para guardar la compostura y el orden del compuesto formado por cuerpo y alma; contra naturales son las que procuran lo contrario.

Andará el mundo cuerdo y en paz cuando uno sienta sólo las culpas propias y no las ajenas.

Conténtate con lo que tengas y no te aflijas si te falta.

Tu buena dicha sólo está en resignarte en las manos de Dios.

Pídele a Dios lo que a su grandeza se le puede pedir y lo que su mano poderosa se dignará a dar. No pidas hacienda, que es dádiva de hombres; no oro, que lo tiene la tierra; no honras acreditadas de la vanidad, que es invención de la soberbia; no venganzas, que son persuasiones bestiales de la ira.

Los Mandamientos de la Ley de Dios son medicina para el alma y para el cuerpo.

Abomina la vida pasada. Renuncia a los pensamientos vanos y a las imaginaciones inútiles. Abjura de las remembranzas detestables y frívolas. Renuncia a las amistades infieles y desleales, a los servicios perdidos y miserables, a las gratificaciones ingratas y las complacencias enfadosas.

Si se ha hallado la forma de convertir los almendros amargos en dulces sólo con agujerear su pie para que por allí salga el humor, ¿por qué no podemos nosotros hacer salir nuestras inclinaciones perversas para que así nos mejoremos?

Se debe conservar la buena fama practicando la humildad.

Menester es tener de nuestras faltas un pesar modesto, sosegado y firme. (...) Castigamos mucho mejor nuestras faltas con arrepentimientos sosegados y constantes, que con arrepentimientos agrios, apretados y coléricos.

De la misma manera que las amonestaciones de un padre, hechas suave y cordialmente, tienen más fuerza para corregir un hijo que la excesiva cólera y enojo. Así que cuando nuestro corazón cometa alguna falta, si le reprehendemos con amonestaciones suaves y

---

12 Conforme a la Naturaleza.

sosegadas, teniendo más compasión de él que pasión contra él, animándole a la enmienda, el arrepentimiento que concebirá tomará más raíces y le penetrará mejor que lo que haría por un arrepentimiento enojoso, arrebatado y tempestuoso.

Los ríos que mansamente corren por las llanuras traen los grandes bajeles y las ricas mercancías, las aguas que caen poco a poco en la campaña, la fecundan de hierba y de grano; pero las corrientes y ríos que con gran furia corren sobre la tierra, arruinan su comarca y son inútiles al comercio; asimismo, las aguas vehementes y tempestuosas asolan los campos y las praderías. Jamás obra hecha con ímpetu y congoja fue bien acabada. Las cosas se han de acabar poco a poco, como dice el antiguo Proverbio; y aquel que se da prisa (dice Salomón) corre peligro de tropezar y resbalar.

Recibe los negocios que te vinieren con sosiego y procura despacharlos por orden uno después de otro, porque si los quieres hacer todos juntos y con desorden, será trabajo vano, te cansarás y rendirás, sin conseguir ningún buen efecto.

No pongas tu espíritu terrestre en los bienes terrestres, sino sobre ellos y no en ellos.

No desees con un deseo entero y formado[13] los bienes que no tienes. No arraigues demasiado tu corazón en los que tienes. No te aflijas por las pérdidas que te sobrevinieren.

La tristeza no es otra cosa sino el dolor de espíritu que tenemos del mal que está en nosotros contra nuestro gusto; ya sea el mal exterior como la pobreza, la enfermedad o el menosprecio; ya interior, como la ignorancia, la sequedad, la repugnancia o la tentación. Cuando el alma conoce que tiene algún mal, lo siente y de ahí nace la tristeza, deseando al mismo punto librarse del mal y procurando los medios para defenderse de él.

Nuestro corazón, estando alborotado e inquieto en sí mismo, pierde las fueras de mantener las virtudes que había adquirido y la resistencia a las tentaciones del enemigo, el cual entonces procura con todas sus fuerzas pescar, como dicen, en agua turbia.

La inquietud procede de un deseo desordenado de librarnos del mal que sentimos o de conseguir el bien que deseamos. (...) Cuando

---

13 Equivaldría a decir que no se desee con ansia ni como cosa primordial.

tengas deseo de librarte de algún mal o de llegar a algún bien, pon tu espíritu en reposo y tranquilidad y asentarás el juicio y la voluntad; después, con blandura y dulzura procurarás el fin de tu deseo.

Examina más de una vez al día o al menos por la noche y por la mañana, si tienes tu alma en tus manos o si alguna pasión e inquietud te la han arrebatado.

No permitas a tus deseos, por pequeños que sea y de pequeña importancia, que te inquieten; porque después de los pequeños, los grandes y más importantes hallarán tu corazón más dispuesto al alboroto y desasosiego.

Cuando sientas acercarse la inquietud, encomiéndate a Dios y no hagas nada de lo que tu deseo te pida (…). Con un suave y sosegado esfuerzo debes detener la corriente de tu deseo, templándola y moderándola en cuanto te sea posible y, después de esto, obra no según tu deseo, sino según la razón.

La comunicación de los dolores de corazón hace el mismo efecto que la sangría en el cuerpo del que está con calentura continua.

La tristeza puede ser buena y mala, según las diversas producciones que causa en nosotros. Verdad es que hay más malas que buenas porque, mirado bien, no causa más que dos buenas: misericordia y penitencia. Hay seis malas: congoja, pereza, indignación, celos, envidia e impaciencia.

El espíritu maligno se deleita en la tristeza y la melancolía por cuanto él es triste y melancólico y será eternamente la causa por la que querría que todos le imitasen.

La mala tristeza alborota el alma, la pone en inquietud, causa temores extraños, quita el gusto de la oración, adormece y oprime el el cerebro, priva el alma de consejo, de resolución, de juicio, de ánimo y abate las fuerzas; es, en fin, como un áspero invierno que priva a la tierra de toda su hermosura y entorpece a todos los animales; quita toda la suavidad del alma y la hace casi imposibilitada e incapaz en todas sus facultades.

No dejemos jamás de perder el ánimo entre los enojos interiores, ni decir "jamás me veré alegre", porque en medio de la noche debemos esperar la luz y, recíprocamente, en el más hermoso tiempo espiritual que podemos tener, no debemos tampoco decir: "jamás me veré triste", porque (como dice el sabio) en los días dichosos debemos acordarnos de la desdicha.

LOS PESARES QUE NOS SUCEDEN EN LA VIDA

Deja los sucesos desdichados que el decreto del Cielo y la Providencia permiten[14] (…). Estas cosas, que no están en tu mano, no las debes sentir ni quejarte de ellas.

La venganza es sólo de Dios y por eso le llaman Dios de las venganzas[15].

¿Hay ladrones? Guárdate y apártate de ellos. Pero si te roban, escarmienta para otra vez y así castigarás tu descuido. No te enojes con el ladrón porque lo es, que eso no está en tu cuenta.

Aparta dos cosas de tu ánimo por ser dañinas e inútiles. La primera es no entristecerte en las desdichas y la segunda es no airarse ni encolerizarse.

(Citando a Séneca). Pocos pueden aguantar el dolor. Seamos de esos pocos.

(Citando a Séneca). Hemos nacido débiles. No infames a la naturaleza, ella nos engendró fuertes.

(Citando a Séneca). Huyamos del dolor. ¿Para qué, si el dolor sigue a quién le huye?

Padezco dolor. El sabio lo siente, el necio lo padece.

Padezco dolor. Dejarte vencer por él, antes lo aumenta que lo remedia.

Padezco dolor. Nací para padecer con el cuerpo, pero también nací para saber padecer con el alma. Haga el dolor su oficio, que es afligirme, y haga yo el mío, que es vencerle.

(Citando a Séneca). No soy poderoso. Alégrate, porque así no seras desapoderado.

---

14 Quevedo enumera varios de ellos como ejemplo: "la ruina de las casas, los rayos, el fuego repentino, los ladrones, la muerte violenta, los diluvios, las guerras, los castigos, las traiciones".
15 Salmos, 94,1: "¡Dios de las venganzas, Yahveh, Dios de las venganzas, aparece!"

No soy poderoso. Si quieres lo que no te es necesario, eres necio. Si quieres lo que otros tienen, eres malo. Si quieres lo imposible, eres loco.

Podrán injuriarme. En el sabio no cabe injuria. Es doctrina estoica.

(Citando a Séneca). Perdí a mis hijos. Necio eres, pues lloras los sucesos de los mortales. ¿Qué tiene eso de nuevo ni de admirable? (…) Ninguno está fuera del tiro que hiere. (…) Mueren los que habían de morir.

(Citando a Séneca). Perdí a mis hijos y yo deseaba que me siguieran[16]. Eso nadie te lo prometió.

(Citando a Séneca). Perdí a mis hijos. Tenían otro de quien ser más que de ti, de prestado estaban contigo. La fortuna dictó que los criases y luego los recibió, no te los quitó.

Perdí a mis hijos. Más eran de quien te los prestó y los cobra, que de ti que los pagas. Deudor eras y padre te llamabas. Delante van los que vinieron después de ti porque quien te los dio se los lleva. A ti te toca no mirar cuanto vivieron, sino como vivieron.

Perdí a mis hijos. Porque lo eran o los debías perder o ellos te debían perder a ti. Si tú murieras, te quejarías por dejarlos desamparados. Si se mueren, te quejas de que te dejan solo. No quisieras morir ni que se murieran. Dirás que vivieron poco, ¿qué sabes si viviendo más hubieran muerto peor? (…) La muerte ejecuta los plazos que dio el acreedor, al que debe sólo le toca pagar.

Perdí a mis hijos siendo mancebos y yo viejo. La muerte acaba los años, no los cuenta.

(Citando a Séneca) Caí en mano de ladrones. Y otros en acusadores, otros en salteadores y otros en embusteros. Llena esta la senda de peligros. No te quejes de haber caído en sus manos, sino que alégrate de haber salido de ellas.

Tengo grandes enemigos. Tres remedios tienes: despreciarlos con humildad, padecerlos con virtud o desarmarlos con paciencia. De los grandes enemigos no te puedes guardar sino con la disimulación.

---

16 Que murieron después de mí.

(Citando a Séneca). Perdí al amigo. Pero lo tuviste como amigo.

(Citando a Séneca). Perdí al amigo. Busca a otro (…). Busca a alguno de provecho.

Perdí al amigo. Si murió con esa condición no lo perdiste, sino que lo ganaste. No está pedido, sino ausente.

Perdí al amigo. No te ocupes tanto en echar de menos al perdido como en buscar a otro.

Perdí buena mujer. A la buena hermana no se la puede recuperar, ni a la buena madre. La mujer es un bien advenedizo.

La disimulación y el menosprecio de la injuria es, de ordinario, un remedio más saludable que el sentimiento, la porfía y la venganza.

Los que tienen un alma verdaderamente cristiana, desprecian de ordinario los rebatos y ofensas de las lenguas injuriosas; pero los que se sienten débiles y flacos, al menor chisme se inquietan y alborotan.

Bien es que seamos celosos, pero no idólatras de nuestra fama.

Si nos injurian injustamente, opongamos apaciblemente la verdad a la calumnia.

Cuando la humildad y la mansedumbre son buenas y verdaderas nos defienden de la hinchazón y ardor que las injurias suelen provocar en nuestros corazones.

Dejemos al ciego que grite cuanto quisiere, como la lechuza para inquietar a los pájaros del día. Seamos firmes en nuestros designios y constantes en nuestras resoluciones. La perseverancia hará bien ver si es cierto y verdaderos el habernos sacrificado a Dios y a la vida devota. Los cometas y los planetas son casi igualmente luminosos en apariencia, pero los cometas desaparecen en poco tiempo, porque no son sino ciertos fuegos pasajeros; mientras que los planetas tienen una claridad continua y perpetua.

Conviene, para ser verdaderamente agradecidos y no ser ingratos, conocer cuales son los bienes verdaderos y cuales aparentes. El mal se disimula en algunos bienes y el bien yace secreto en algunos males: la felicidad que encierran las desdichas y las desdichas que ocultan las felicidades.

Quien se embaraza en sentir lo pasado, pierde lo presente y aventura lo por venir. Lo que fue, como no es, no puede dejar de haber sido. Lo que es, como no era poco antes, dejará de ser poco después. Lo que aún no es, si se desea o si se teme, se padece.

EL MIEDO A LA MUERTE

Toda la vida te mueres de miedo de morirte. O al contrario, vives como si no fueras a morir, muy atento a las cosas de acá y con mucho esfuerzo; pero la vida es perecedera.

Considera a la vida como el plazo que ponen al jornalero, que no tiene descanso desde que empieza sino cuando acaba.

A la par empiezas a nacer y a morir. No está en tu mano detener las horas.

Si piensas que eres algo, vuelve tu mirada a lo que eras antes de nacer y te darás cuenta de que no eras. Eres el que hace poco que no fuiste; el que siendo, eres poco; el que de aquí a poco no serás [17].

El hombre trata al cuerpo, sombra de muerte, como imagen de vida; mientras que al alma eterna la trata como a sombra de muerte. (...) Cuando llega la hora postrera descubre el cuerpo le deja y que su parte mejor es el alma.

Naciste para morir y vives muriendo.

Tienes al alma enterrada en el cuerpo que, cuando muere, en cierta forma resucita.

Tu cuerpo sirve a la vida prestada que usas.

Tu cuerpo es tan frágil como ves y tan perecedero como parece. Es más feo de lo que parece y en breve lo será aún más[18].

Dirás que no deja de tener majestad poder dar muerte y destruir, y que ese poder es digno de estima. (...) Lo mismo hace una hierba, una víbora, un veneno, un susto, un aire y una piedra; pero a ninguno de estos le es de alabanza quitar una vida. (...) ¿Condenas a muerte al delincuente y piensas que es algo nuevo? No, ya le tenía sentenciado la naturaleza y desde que nació empezó a sentir la ejecución de esa sentencia.

---

17 Merece la pena leer tal y como lo expresó el autor: "mira que eres el que há poco que no fuiste, el que siendo eres poco, el que de aquí á poco no serás, y verás como tu vanidad se castiga, y se da por vencida".

18 Por la podredumbre que sigue a la muerte.

¿Qué descanso tendría la vida, qué libertad el espíritu, qué quietud el cuerpo, que fin las molestias de la vejez aborrecida de sí misma, si no existiera la muerte?

Si has vivido contento y todo te ha sucedido bien, harto de vida despídete de ella. Y si todo te ha sucedido mal, ¿para qué quieres añadir cada día más trabajo? Vete enfadado.

Habrás oído muchas veces que no hay cosa más cierta que la muerte, ni más incierta que el cuando. Te digo que no hay cosa más cierta que el cuando, pues no hay momento que no mueras: siempre está llegando ese cuando. (…) Cuando dicen, Fulano murió en dos días, mienten; no entienden que cualquiera (aunque muera en un instante) muere en tantos días como ha vivido.

¿Por qué temes a la última obra de la naturaleza[19]?

Dichoso aquel que en su fin da a la muerte lo que pide. Desdichado es aquel que se defiende de ella y le niega lo que le debe y ha de cobrar.

Debes apartar de la muerte tosas las opiniones que la afean y hacen espantosa. Debes anteponer la paz de tu alma y no tener por precioso lo que sirve a la quietud y libertad de tu espíritu.

La primera lección que la Sabiduría al hombre es el día de su muerte. Cuando muere empieza a aprender; sólo entonces está el alma capaz de doctrina, ya que se desnuda de la rudeza del cuerpo, de las tinieblas y la ignorancia de este mundo.

No hay sitio por donde no pueda entrar la muerte sin salir la vida.

Sólo tus cosas son tuyas y las demás son ajenas.

Reprendemos por vicioso en el vecino lo que en nosotros presumimos ser digno de imitación.

Oye a san Pablo cuando dice severo y advertido en la soberbia: todo hombre que juzgas, con tu juicio te condenas[20].

A nada deben tanto los hombres como a la reprensión, (…) no sólo debe oírse sino también agradecerse.

---

19 La muerte.
20 Carta a los Romanos, 2,1.

Fonseca[21] (doctísimo español) dijo predicando: no sólo es mejor perdonar al enemigo que vengarse, sino que es más fácil y cómodo. Así lo mandó Cristo: amad a vuestros enemigos. Rigurosa y desagradable cosa y llena de peligros sería si te mandara vengar a tus enemigos, salir a media noche cargado de armas solo o acompañado de amigos a acecharle y procurar su muerte. Es mejor perdonarle, cosa que puedes hacer cenando, en tu casa, acostado y descansando.

Si alguien habló mal de ti, no hables tú mal de él para no imitarle y parecerte a él.

Extraña locura es creer que a uno al que le han cortado las narices, con cortar las orejas o matar a otro estarán satisfechos. Dime, ¿se curó tu herida con la del otro o con su muerte? No.

Todas las desgracias nacen de la ira. (…) La ira es una breve y repentina locura, un olvida de la razón; si dura es un deprecio de ella, un afecto rebelde del sentimiento, un motín de la sangre y una soberbia inconsiderada. Es una enfermedad del corazón, un peligro para la vida y confusión para ella, una temeridad acreditada y la valentía de cobardes y flacos[22].

El efecto de la ira no es más que la alteración de todos los sentidos, la perturbación y fealdad de todos sus miembros, la desobediencia del alma a la razón y al entendimiento.

No debes perturbarte por lo que otros hagan o digan mal, que eso es a su cargo aunque el mal te toque a ti o a tus cosas; porque respeto a lo que no está en tu mano y fuera de tu poder sólo debes actuar de la siguiente manera: si lo previenes, evitarlos; lo padeces, sufrirlo; procurar remediarlo para no padecerlo. Vana cosas es querer que el otro no haga lo que quiere hacer y más vana querer que no haya hecho lo que ya está hecho, que es lo que procura la ira ciegamente. (…) Si el otro es malo por vicio ajeno, ¿por qué te perturbas y te enojas, debiendo tenerle lástima por la caridad fraterna? Si tú quieres que los otros hagan lo que tú deseas o te sea bueno o creas que lo mereces, cualquier cosa que te suceda de otra forma te perturbará y te sacará de juicio.

---

21 Juan Rodríguez de Fonseca (1451-1524) fue obispo de Badajoz, Córdoba, Palencia, Burgos y Presidente de la Junta de Indias.
22 Entendiendo flaco como endeble o fácilmente maleable.

No te es posible quitar de los otros hombres la malicia ni el descuido. Lo que te es posible y fácil es (..) pensar que aquello que te sucede que no está en tu mano y no sea tu culpa es como si no existieran y así tener paz en tu ánimo.

¿Qué cosa hay más digna de estudio y alabanza que el ejercicio del sufrimiento armado de prudencia y paciencia contra las insolencias de la fortuna? ¿Qué mayor riqueza hay que una humildad atesorada de tal suerte que ni desprecies a nadie ni sientas que te desprecien todos? Estas cosas les sirven a tu alma y son de tu interés.

La vejez se conoce más en las enfermedades y arrugas que en el consejo y la prudencia[23].

¿Quién puede ser más cuidadoso testamentario de su alma que tú mismo?

Es necesario desnudarse de las tinieblas quien se quiere vestir de claridad.

Morirás. Desde que nací lo sé, por eso lo espero y no lo temo.

Morirás. No dices bien, di que acabaré de morir y acertarás, pues con la vida empecé la muerte.

Morirás. Me dices lo que sé, pero no lo que no sé, que es el cuándo.

Morirás. Si he vivido bien, empezará a vivir; si he vivido mal, empezaré a morir.

Morirás. No me alborota lo que todos han hecho y lo que todos harán.

Morirás. Antes me lo dijo la naturaleza.

Morirás. No viviría con esperanza de descansar sino esperara morir.

Morirás. Con la felicidad del que navega cuando llega a puerto.

Morirás. Y los apetitos y vicios si muero joven; las enfermedades y miserias si muero viejo.

---

23 Quiere decir que no por ser más viejo se es más sabio.

Morirás. Y los cuidados y desvelos si soy rico; el desprecio y las calamidades si soy pobre.

Morirás. No hay otro camino pasar a la vida que la muerte.

Morir es un descanso para el cuerpo y la justa restitución a la tierra de la parte que me ha prestado. Morir es la libertad para el alma que, en cierta manera, resucita.

Lo que veo es mortal y perecedero, lo que no veo es eterno.

He creído que nací para vivir, pero naciendo empecé la muerte. Espero que muero para nacer a lo que solamente es vida.

La muerte no es castigo, sino ley; es un mandamiento para la libertad del alma.

Mi preocupación naciendo es vivir bien; viviendo es procurar morir bien. Mi solicitud no pasa de la muerte, a los vivos toca lo demás.

Lo que siembras, si primero no muere, no renace. Así que yo siembro este cuerpo y esta desdichada vida, porque si no pasa por la muerte y la corrupción no puede renacer.

(Citando a Séneca: sobre la muerte): Es naturaleza del hombre, no un castigo.

(Citando a Séneca: sobre la muerte) Entré con la condición de salir.

(Citando a Séneca: sobre la muerte) La vida es una peregrinación. Cuando has caminado mucho, debes volver.

(Citando a Séneca: sobre la muerte) Es necedad temer lo que no puede evitarse. No lo evita quien lo dilata.

(Citando a Séneca: sobre la muerte) No seré el primero ni el último. Muchos murieron antes de mí y todos después.

(Citando a Séneca: sobre la muerte) Es el fin del oficio humano. ¿Qué soldado viejo se enfadó cuando lo licenciaron?

(Citando a Séneca: sobre la muerte) ¿Ignoro yo que soy un animal racional mortal? Con esa condición se engendró todo. Lo que empezó se acaba.

(Citando a Séneca). *Morirás lejos.* En cualquier parte hay camino para el sepulcro. Ninguna patria es ajena al muerto.. No es más pesado el sueño fuera que en casa.

Morirás lejos. Todo el mundo es una casa, las provincias son aposentos, yo no me mudo de casa, sino de aposento.

Morirás lejos. Nada me hace falta para morir y, cuanto más me falte, moriré con menos dolor.

(Citando a Séneca). *Morirás joven.* Bueno es morir antes de desear morir.

(Citando a Séneca). *Morirás joven.* Le sucede igual al joven que al viejo, no somos citados por antigüedad ni se mira el número de años.

Morirás joven. Menos tendré que morir cuanto menos viva.

Morirás joven. Muchos son pocos años cuando muchos son poca vida.

Morirás joven. Es llegar antes donde voy. ¿Qué caminante aborrece un atajo?

Morirás joven. La vida es representación[24]. Dios es el autor, a Él le toca dar largo o corto el papel y repartir los papeles de Rey o vasallo, de pobre o rico. A mí sólo me toca hacer bien el que me reparta lo que me dure.

(Citando a Séneca). *Carecerás de sepultura.* ¿Qué importa que me consuma el fuego, una fiera o el tiempo, última sepultura de todas las cosas? Para el que no siente, es superfluo.

(Citando a Séneca). *Carecerás de sepultura.* No se inventó la sepultura por causa de los muertos, sino de los vivos.

Carecerás de sepultura. De nada se burla el tiempo como de la vanidad de los muertos, que rápidamente borran los días la soberbia de los difuntos en los epitafios de las piedras.

---

24 Lo asimila a una obra de teatro en la que las personas somos actores.

Carecerás de sepultura. Es lícito buscar una buena sepultura, contingente es alcanzarla y ningún inconveniente no tenerla, porque no habrá de venir tiempo en que no se tenga.

Carecerás de sepultura. Para resucitar, en cualquier parte le valdrá a mi alma.

Esta miserable vida no es más que un camino para la otra, que es bienaventurada. Entonces no nos enojemos en el camino los unos con los otros: caminemos con la tropa de nuestros hermanos y compañeros, dulce, amigable y apaciblemente. Y mas te digo, que de ninguna manera te enojes, si fuere posible, ni abras la puerta del corazón a ningún pensamiento enojado, porque dice Santiago: "La ira del ira del hombre no obra la justicia de Dios"[25].

Ninguno puede vivir sin morir, porque todos vivimos muriendo.

Nacemos para vivir y vivimos muriendo y para morir, y morimos para nacer a segunda vida.

La enfermedad incurable es nacer; pues naciendo, es forzoso morir. Quien de esta no se puede curar, ¿cuándo podrá decir que está sano? ¿Qué salud espera de las hierbas? ¿Qué convalecencia de los Médicos ? No ha de ser el cuidado hacer que la vida sea larga , sino buena. Nuestra muerte no reconoce otro médico eficaz y docto para su salud que la buena conciencia. Para las enfermedades de la vida solamente es medicina preservativa la buena muerte.

¿Cómo puede temer la muerte quien no teme el haber nacido? Y quien teme el haber nacido, ¿por qué teme la muerte? ¿Cómo puede dolerse de morir quien se alegra de ser hombre? ¿Qué razón halla el hombre mortal de temer lo que es? ¿De qué sirve temer lo que no se puede evitar? Fuerza es que quien teme la muerte tema la vida, porque toda la vida es muerte. Teme el hombre el postrer instante de su muerte,y ama los muchos años de ella. ¿Quién es tan necio que tema que se acabe lo que aborrece?

 Grande es el desacierto de los hombres: cuando tienen salud no temen la muerte ni se acuerdan de ella. Pero perdiendo la salud y enfermando, temen la muerte, como si la salud propia no fuera enfermedad incurable.

---

25 Santiago, 1, 20.

Quien teme la muerte tiene miedo de sí mismo. No es la muerte cosa forastera: con nosotros nace, crece y vive. (…) La muerte de cada uno es su cuerpo, dentro de nosotros habita; no hay vena ni miembro donde no resida. Bien considerado todo, nuestro cuerpo es posada de la muerte. ¿Cómo pues se temerá la muerte y se amará el cuerpo ? Manifiesta locura es amar y aborrecer una misma cosa.

Aristóteles, en la *Retórica, lib. 1. capít. Del Miedo*, dice: "miedo es un dolor y una perturbación de ánimo que nace de la imaginación de un futuro mal". Empero esta definición excluye a la muerte por mal futuro; porque la muerte no es mal, ni está por venir, si bien está por acabar de venir. La muerte no es mal, sino bien. No es malo morir , sino morir mal; como no es bien el vivir, sino el vivir bien. Morir es ley y no daño ni ofensa.

Nadie puede ignorar que tiene cerca la muerte, pues todos saben que pueden morir cada instante y deben saber que no sólo la tienen cerca de sí, sino dentro.

Los enfermos la temen porque ven sus mensajeros en los accidentes y dolores, y los viejos porque la ven con los ojos que ella les cierra. Empero la muerte no es de las cosas que unos ni otros deben temer, porque la tienen cerca. No la han de temer, sino disponerla; no la han temer , sino recibirla. Quien la acaricia, hace lo que debe; quien la rehúsa, hace lo que no puede hacer. Ella se difiere, mas no se evita. Muchas enfermedades suelen dilatar la vida en años y muchos con salud robusta se precipitan en la mejor edad. Muchos viejos y caducos ven enterrar niñeces y juventudes recién amanecidas y florecientes. La muerte tan cerca está del primero cabello como del último. O la han de temer todos o ninguno. Yo aconsejo que ninguno tema la muerte y que todos teman la mala muerte; que ninguno la tema y que todos la dispongan.

La muerte sola cura los males, las demás medicinas los entretienen. ¿Quién temerá enfermo su postrero y mejor médico?

(Citando a Séneca). "La muerte es remedio de todos los males. ¿Quién temió el remedio del mal que padece?".

(Citando a Sótades[26]). La llamó (a la muerte): "puerto de todos los mortales".

---

26 Sótades fue un poeta griego del siglo III a.C.

(Citando a Esquilo[27]). "¡Oh, muerte! Te ruego que, no desdeñosa, me difieras el llegar a ti. Tu sola curas todos los males incurables y ningún dolor sigue a los muertos".

Si todo lo mortal se acaba con la muerte y la misma muerte, forzoso es que se acabe con nueva vida y con nacer de nuevo a vida eterna.

El sueño es una doctrina cotidiana de la muerte que nos va persuadiendo con su sosiego que es descanso del trabajo y no trabajo, por eso le llaman imagen de la muerte y hermano. Así como el sueño es alivio del que vive, así la muerte es sueño del que muere. La Iglesia Católica le da este nombre cuando en las postreras palabras de los difuntos ruega: "descansen en paz".

Si el sueño nos es dulce porque nos descansa del trabajo, nos debe ser apacible mucho más la muerte, que nos rescata de él.

Si temiera el hombre la muerte por las enfermedades del alma, sería su miedo útil y loable. Mas temerla por las dolencias del cuerpo, que las mas veces son medicina de las del espíritu , es necedad y delito.

La vida nuestra el último día se acaba y el primero empieza a acabarse. La muerte no se muestra igualmente cerca en todas las cosas, mas en todas está cerca. Porque no sabemos en qué lugar nos aguarda, debemos esperarla en cualquier lugar. Por no atender a esta consideración, muchos mueren antes de empezar a vivir. Por esta causa el malo cuenta muchos años de tiempo y ninguna hora de vida.

Cierto es que quien siempre contempla la muerte, nunca la teme. Le enfermedad y la vejez son doctrina contra los espantos de la muerte: quien las etudia tanto como las padece, doctamente acaba de morir.

Ya que vivimos muriendo, muramos para vivir. Conservemos la salud para que, sin los atajos del vicio ni desórdenes, la acabe en nuestra composición el paseo del tiempo.

Lo que nos toca, siendo forzoso salir de ella, no es cuando saldremos, sino a cuáles y a qué lugar. La muerte por sí es mandamiento de soltura para todos. Igualmente suelta a los inocentes que a los reos. Desdichado del que sale de prisión temporal para la eterna, éste sólo empieza una muerte sin fin, del fin de otra muerte. La verdadera

---

27 Esquilo (525 a. C. - 456 a. C.) fue un autor teatral griego.

esperanza en Dios nos quita los miedos inconsiderados del amor de esta vida.

Citando a Pedro Crisólogo: "Morir es natural. Necesario es morir. Para nosotros vivieron los pasados. Nosotros vivimos para los que han de venir y ninguno para sí".

AFRONTAR LA ENFERMEDAD

(Citando a Séneca). Estoy enfermo. En la cama se muestra también el valor.

(Citando a Séneca). Estoy enfermo. No durará todo el siglo; o yo dejaré la calentura o ella me dejará a mí. No podemos estar siempre juntos. Batallo con la enfermedad, ella me vence o yo la venceré.

Estoy enfermo. Me quita la enfermedad las ganas de comer, me enflaquece, me desfigura y no puedo salir de la cama. Estos, que por males de la enfermedad cuento, son bienes y remedios eficaces a otras enfermedades mayores porque me ocasionan la paciencia, el valor, me acrisolan el espíritu, me dan a conocer lo que soy, diferencian los buenos amigos de los aparentes, me recogen a mí mismo. Son medicinas porque me tienen en dieta contra la gula que me causó la enfermedad, me desarmen la ira y con ella las venganzas, me desmayan la sensualidad y con ella tantos escándalos, torpezas y abominaciones.

Estoy enfermo. La enfermedad no es impedimento ni estorbo para una buena obra; en ese estado hace todas las que desea hacer y ocasiona que los otros hagan muchas buenas obras con él.

Estoy enfermo: quien me ve se enfada. Más enfermedad es ver al enfermo y enfadarse, que estar enfermo.

Estoy enfermo: quien me sirve se cansa. Pero enfermo es en la caridad cansarse de servir al enfermo que estar enfermo.

Estoy enfermo: quien me hereda se alegra. Gravísima enfermedad es la codicia del que por lo que se hereda se alegra de la muerte del que le deja en herencia.

(Citando a Séneca). Perdí los ojos[28]. ¡A cuántos apetitos cegué el camino! ¡De cuántas cosas carecerás que por verlas deberías sacarte los ojos! ¿No sabes que la ceguera es parte de la inocencia? A unos enseñan sus ojos el adulterio, a otros el incesto, a uno la casa que codicia, a otros la Ciudad[29] y todos los males. Irritan los vicios y guían las maldades.

---

28 Referido a la ceguera o a la pérdida de la vista.
29 Roma.

(Citando a Séneca). Estas tres cosas son enfermedad grave: miedo a la muerte, dolor del cuerpo e intermisión de los deleites.

Perdí los ojos. Perdí lo que pierden a muchos. Mal es el no ver, mas peor es ver para mal.

Perdí los ojos. (…) Cerré la puerta a la entrada de todos los vicios.

El dolor del cuerpo es medicina para el sosiego del espíritu.

El grande Platón buscó las enfermedades del cuerpo para la salud del alma yéndose a vivir a lugares pantanosos y malsanos, porque el contagio del aire le debilitó el cuerpo para los afectos, disponiéndole hacia la virtud y la contemplación.

No es posible no sentir los males, mas es fácil sufrirlos y es gloria vencerlos.

Bueno es vivir sin dolores; empero es mejor teniéndolos, sufrirlos.

¿Piensa el hombre que porque en la cama no hace alguna cosa está ocioso? Ese engaña, que la cama con la enfermedad es teatro para ostentar las fuerzas del alma y las del cuerpo. Sus batallas tiene el lecho y sus hazañas la dolencia. Si el hombre, luchando con los dolores los vence, más es buen soldado que mal enfermo. Si agradece al mal la intermisión de los deleites, gloriosa victoria adquiere su alma. Gran valentía es luchar bien con la calentura y demás accidentes. Si no te fuerzan , si no te afligen, si no te derriban, grande y provechoso ejemplo eres. ¡Oh, si los enfermos tuvieran auditorio y aplauso, cuan grande ocasión de gloria fuera estar enfermo!

El tabardillo y el dolor de costado prohíbe al que pasea el andar y al que juega las manos; empero no estorba ni aprisiona niguna operación del espíritu. Padeciendo estos males rabiosos puede el hombre aprender y enseñar, ejercitar la caridad y la paciencia, ostentar la fortaleza y la constancia, enseñar a la dolencia pestilencial y venenosa que tiene alma en que guardar vida que no teme su muerte.

LA CONVIVENCIA CON LOS DEMÁS

(Citando a Séneca). Tienen mala opinión de ti los hombres. Me inquietaría si hablaran mal de mí Marco Catón[30], Lelio el Sabio[31], otro Catón[32] o los Escipciones[33].

(Citando a Séneca). Hablan mal de ti. No saben hablar bien. No hacen lo que merezco, sino lo que acostumbran. La misma naturaleza tienen algunos perros, que ladran por costumbre y no por ferocidad.

Hablan mal de ti. Si dicen la verdad, no hablan mal; si mienten, hacen mal.

Hablan mal de ti. No porque saben que obro mal, sino porque no saben hablar bien.

Hablan mal de ti. Para no imitarlos, hablaré bien de ellos.

El amor tiene el primer lugar entre las pasiones del alma; es el Rey de todos los movimientos del corazón.

Todo amor no es amistad, porque podemos amar sin ser amados y entonces hay amor, pero no amistad; esto es porque la amistad es un amor recíproco y no siendo recíproco, ya no es amistad. Y no basta con que sea recíproco, porque si las partes se aman ignorando su recíproca afición, tendrán amor, más no amistad. Por tanto, es necesario que entre ellas haya alguna suerte de comunicación que sea el fundamento de la amistad.

Según la diversidad de las comunicaciones, la amistad también es diversa; las comunicaciones son diferentes según la diferencia de bienes que se comunican. Si son bienes falsos y vanos, la amistad es falsa y vana; si son verdaderos, la amistad será verdadera y cuanto más excelentes sean los bienes, tanto más excelente será la amistad.

---

30 Marco Porcio Catón, el Viejo (s. 234-149 a.C). Ilustre político, escritor y militar.
31 Cayo Lelio Sapiens (s. II a.C.), político romano perteneciente al llamado Círculo de Escipión.
32 Marco Porcio Catón, el Joven (s. I a.C.). Político romano. Era bisnieto de Catón, el Viejo.
33 Los Cornelios Escipiones fueron una familia romana de ilustres políticos y militares.

(…) La amistad fundada sobre la comunicación de falsos y viciosos bienes, es del todo punto falsa y mala.

Si no hubiere ninguna otra comunicación entre los casados que la de los vicios carnales no habría ninguna amistad; pero si fuera de esta tienen la comunicación de la vida, de la industria, de los bienes, de la afición y de una indisoluble fidelidad, será la del matrimonio una amistad verdadera y santa.

Amarás a todos con un amor grande y caritativo, pero no tendrás amistad sino con aquellos que puedan comunicar contigo cosas virtuosas; cuanto más exquisitas sean las virtudes que comunicares, tanto más será tu amistad perfecta.

La miel de Heraclea[34] turba la vista y la amistad mundana turba el juicio, de suerte que los que son tocados por ella piensan hacer bien haciendo mal.

Guardemos con cuidado nuestras orejas del aire de locas palabras, porque, de otra suerte, nuestro corazón será al punto apestado.

El buscar las conversaciones y el huirlas son dos extremos dignos de vitupear en la devoción civil, que es aquella de que te hablo. El huirlas es desdén y el buscarlas huele a ociosidad inútil. Se debe amar al prójimo como a sí mismo. Para mostrar que le amamos no se debe huir el estar con él y, para verificar que nos amamos a nosotros mismos, no hemos de agradar cuando estamos con nosotros. Estamos con nosotros mismos cuando estamos solos. Dice San Bernardo: "Piensa en ti mismo y después en los otros". Sin ninguna cosa te obliga a ir a la conversación o a recibirla, quédate contigo misma y entretente con tu corazón; mas si la conversación se te ofrece o algún justo motivo te convida a ella, ve con ella y mira a tu prójimo con buen corazón y buen ojo.

Son malas conversaciones las que se hacen con mala intención o cuando los que intervienen en ellas son viciosos, indiscretos y disolutos.

Fuera de la soledad mental, a la cual te puedes retirar en medio de las mayores conversaciones, debes amar la soledad local y real. Ésta no

---

34 Heraclea del Ponto es una polis griega situada en la actual Turquía. Según se decía, era una miel muy dulce que tras tomarla, causa un desvanecimiento.

se entiende con ir a los desiertos (...), sino a estar algún rato en tu aposento, en tu jardín o en donde más a gusto puedas retirar tu espíritu a tu corazón y recrear tu alma con las buenas meditaciones y santos pensamientos o con alguna buena lectura.

Una de las peores condiciones que uno puede tener es el ser fisgón.

No hay cosa que sea más contraria a la caridad, y mucho más a la devoción, como el menosprecio del prójimo.

"No juguéis y no seréis juzgados; no condenéis y no seréis condenados".[35]

Es un juicio temerario el sacar consecuencia de un acto para injuriar a la persona.

La murmuración es la verdadera peste de las conversaciones.

Quien quitase la murmuración del mundo quitaría una gran parte de los pecados e iniquidades.

La murmuración es una especie de homicidio, porque nosotros tenemos tres vidas: la espiritual, que consiste en la gracia de Dios; la corporal en el alma; la civil en la buena fama. El pecado nos quita la primera, la muerte la segunda y la murmuración la tercera.

No murmures jamás, ni directa ni indirectamente.

No digas nunca: fulano es un borracho, aunque le hayas visto borracho; ni es un adúltero, por haberle visto en este pecado; ni es incestuoso, por haberle hallado en esta desventura. Un solo acto no da el nombre a la cosa. (...) Para tomar el nombre de algún vicio y de alguna virtud, menester es que hayan hecho algún progreso y hábito. Engaño es el decir que un hombre es colérico o ladrón por haberle visto enojar o hurtar una vez.

¿Qué seguridad podemos nosotros tener de que un hombre que fue ayer pecador, los sea hoy? El día precedente no debe juzgar el presente, ni el presente debe tampoco juzgar el precedente: sólo el último es el que los juzga a todos. (...) No se puede sacar ninguna

---

35 Lucas, 6, 37.

consecuencia de ayer a hoy, ni de hoy al día de ayer, ni menos al día de mañana.[36]

No está bien pensando huir del vicio de la murmuración, favorecer, lisonjear y mantener los peligros; antes se ha de decir clara y libremente mal del mal y afear las cosas feas.

De los pecados infames, públicos y manifiestos, se puede hablar libremente, con tal de que sea con espíritu de caridad y compasión, no con arrogancia ni holgarse del mal ajeno.

Cuando oigas murmurar, haz dudosa la acusación si lo puedes hacer justamente; si no pudieres, excusarás la intención del acusado; y si aún esto no pudiere ser, mostrarás tenerle compasión.

Cuando hay que contradecir a alguien y oponer su opinión a la de otro, debe usarse gran mansedumbre y destreza, sin querer violentar el espíritu del otro, porque nunca se gana nada tomando las cosas con aspereza.

Las que te diré ahora, ¿no son iniquinidades y sinrazones? Acusamos por poco al prójimo y nos excusamos a nosotros en mucho; queremos vender muy caro y comprar muy barato; queremos que se haga justicia en la casa ajena y que en la nuestra haya misericordia.

Lo que hacemos por otro nos parece siempre mucho y lo que él hace por nosotros, nos parece siempre nada.

Se igual y justa en tus acciones: ponte siempre en el lugar de tu prójimo y a él ponle en el tuyo; así juzgarás bien.

Haz cuenta que vender cuando compras y que compras cuando vendes, así comprarás y venderás justamente.

Recuerda examinar a menudo si tu corazón es para con el prójimo como querrías que el suyo fuese para contigo si estuvieras en su lugar, porque este es el punto de la verdadera razón.

Nos debemos guardar del deseo de las cosas viciosas, porque el deseo del mal nos hace malos.

---

36 Le da ese valor al arrepentimiento y al posibilidad de cambiar de vida.

La caridad nunca piensa mal y, al contrario, el mundo siempre piensa mal y cuando no puede acusar nuestras acciones, acusa nuestras intenciones. Ya tengan los carneros cuernos o no, ya sean blancos o negros, no por eso el lobo dejará de comerlos si puede.

En cualquier cosa que hagamos, el mundo siempre nos hará la guerra.

Es mejor padecer la ira y la injuria que hacerlas padecer.

(Sobre la envidia). Su linaje es el más antiguo de todos los vicios.[37]

El hombre, o a de ser envidioso o envidiado; y los más son envidiados y envidiosos; y al que no fuere envidioso, cuando no tenga otra cosa que le envidien, el envidiaran el no serlo.

El envidioso es adúltero de los bienes, pues deja los propios por los ajenos.

Los que más se quejan porque los envidian son los que siempre están haciendo porque les envidien.

Muchos blasonan con vanidad el tener muchos envidiosos: estos son los peores envidiosos de sí mismos.

De la envidia, los que más frecuentemente se quejan son los propios envidiosos.

Virtud envidiada es dos veces virtud.

La envidia está flaca, porque muerde y no come.

Ninguno envidia la virtud (…). Envidian al virtuoso, no la virtud.

Envidian riquezas y hermosura, más ninguno envidia al mar los tesoros que anega, ni a los montes los que sepultan, ni al sol la belleza que derrama, ni a las estrellas que centellean.

Para malquistar a uno no hay envidia más bien lograda que alabarle mucho.

Muchos saben despreciar; pocos ser despreciados.

---

37 Se refiere a Lucífer, el Ángel Caído, que, envidioso de Dios, quiso ser como Él.

Quien desprecia las cosas para que lo precien los hombres es loco y sólo consigue su intento del que lo es. Desprecia en público lo que adora en secreto. Tiene por premio el aplauso de los que lo ven: págase del ambicioso, y hace mas caudal de los testigos de su hipocresía, que de la verdad de su conciencia. Estaba el Cínico en la mejor hora del día y en medio del mayor concurso del pueblo enterrándose en polvo y afeándose con lodo; viole el divino Platón y descifrando su maña, dijo : idos todos y no se mortificará; dejadle solo y dejará descansar los muladares que inquieta revolcándose.

Ninguna cosa produce peor soberbia que el desprecio fingido.

No hay mayor ni peor ni más mal entremetido negociante que el desprecio político. Este es artífice de aduladores y fabricador de tiranos. Muchos con el desprecio han escalado los puestos, las dignidades , el poder, y a veces los Imperios.

Ninguno se desprecia más que se desprecian los aduladores y lisonjeros. (...) Se ciega para ver los defectos de los poderosos.

No sólo no has de recibir algo del tirano; antes le has de dar horror y miedo, para que no te de ni te ofrezca, si sabes estimar las comodidades del menosprecio. Él desprecia en ti la humildad,y la inocencia: esto es crimen. Tú desprecias en él la soberbia la vanidad y la ambición: esto es mérito. A ti Dios te juzga precioso, a él despreciado. Por esto no has de tener queja de él, sino lástima.

La ingratitud atormenta al bien y a la virtud (...). La ingratitud hace que los beneficios sean aflicción y pesar de quien se lo da y concede.

No puede ser beneficio, aunque lo agradezca el que lo recibe, aquella dádiva que sirve al apetito o al pecado.

El ingrato es que más se queja de la ingratitud, porque el ingrato es mentiroso de obras y por eso es el peor de los mentirosos; es avariento del bien por ser pródigo del mal.

Seamos, pues, agradecidos a Dios por todo y en todo. A todos los hombres: a los buenos porque se les debe; a los malos por no ser como ellos y porque lo dejen de ser. No hagamos usura del beneficio ni interesemos la caridad. Hagamos bien al que no lo merece por el que Dios nos hace sin merecerlo.

Más fácil es escribir contra la soberbia que vencerla. Escribiré que es la soberbia para el que la tiene, pues él sólo es quien no lo sabe, ni lo quiere aprender de los que lo padecen.

Así como la caridad está en todas las virtudes, dándoles vida; la soberbia asiste en todos los pecados, alimentándolos de muerte. No hay pecado sin soberbia, ni soberbia a quien falta algún pecado.

El soberbio todo lo hace al revés (...). Por eso, aunque lo derriben, se cae. Por eso es forzosa y grande su caída y su mayor locura.

Dos cosas se han de considerar en el soberbio: el castigo y la locura con que le mereció. (...) Y no es pequeña parte del castigo de los soberbios la risa de los justos.

La guerra fue invención de la soberbia y la paz de la humildad.

Si la grandeza hizo al Ángel demonio, sabrá hacer demonio al hombre.

Siguiendo la soberbia a su naturaleza, sigue a los poderosos y ellos la siguen.

No dejo de confesar que hay pobres soberbios. Es cierto que los hay y que son los más insufribles de todos, porque su arrogancia nace de la iniquidad y desorden de sus potencias.

En todos los soberbios tiene Satanás casa de aposento, en todos es huesped.

No puede ser uno avaro, ni envidioso, ni ingrato, sin ser soberbio; sin despreciar a todos por sí y sin aborrecer a todos por amarse a sí.

Sube el soberbio, como el ahorcado, por escalones que no ha de bajar y en el más alto llega a la muerte. Lleva consigo la soga y por guía el verdugo.

Hermosura, fuerza, poderío, dignidad sabiduría y riqueza con preciosas dádivas, unas de fortuna, otras de naturaleza y de Dios; pero la soberbia se introduce muchas veces en lepra de estos bienes.

La ira y la injuria son las dos manos que usa el furor de la soberbia, con las que hace todas sus obras a diestro y a siniestro.

En ninguna cosa es la soberbia más descubiertamente soberbia que en la venganza, pues llamándose Dios *Dios de las venganzas*, quiere el vengativo ser como Dios y es sacrílego tema que las venganzas sean suyas.

Dice el soberbio que es grande; desmiéntele la muerte diciendo que es nada. Dice el mundo que es rico; dice la muerte que es pobre. Dice el mundo que da contento, puestos, posesiones y gloria; dice la muerte que miente, que no da nada, que todo lo presta y lo vuelve a quitar con dolor y lágrimas. Dice el soberbio que nadie es como él, que él es como Dios, que él solo lo es todo; dice la muerte que miente, que él es vil gusano que por querer ser como Dios es un demonio, que todo lo que es, es solamente ceniza, pecado, ruinas y escándalo.

No hay pecador tan desvergonzado que no confiese que es soberbio y todos los niegan. El homicida, frecuentemente, se alaba que ha matado tantos hombres y que nadie se lo hace pagar. El lujurioso blasona adulterios, incestos y estupros y su vanidad es que no se le escapa mujer. El mentiroso y embustero se precia de que engaña a todos y que hace burla de cuantos trata y que nadie sabe lo que tiene en su pecho. El ladrón se alaba de que no hay puerta cerrada para él y de que todos guardan lo que tienen para su ganzúa y en el número y dificultad de los hurtos apoya su eminencia.

El soberbio no solo es amor propio, sino embriaguez del amor propio.

Condenado blasón es nacer ángel para ser demonio: descender del Cielo para poblar el Infierno. (...) Pues si de los ángeles hizo la soberbia demonios, ¿que no hará de los hombres que de ella se dejan poseer?